BEI GRIN MACHT SICH IH...
WISSEN BEZAHLT

- Wir veröffentlichen Ihre Hausarbeit,
  Bachelor- und Masterarbeit

- Ihr eigenes eBook und Buch -
  weltweit in allen wichtigen Shops

- Verdienen Sie an jedem Verkauf

Jetzt bei www.GRIN.com hochladen
und kostenlos publizieren

Bibliografische Information der Deutschen Nationalbibliothek:

Die Deutsche Bibliothek verzeichnet diese Publikation in der Deutschen National-
bibliografie; detaillierte bibliografische Daten sind im Internet über http://dnb.d-
nb.de/ abrufbar.

Impressum:

Copyright © 2008 GRIN Verlag, Open Publishing GmbH
Druck und Bindung: Books on Demand GmbH, Norderstedt Germany
ISBN: 9783640453436

Dieses Buch bei GRIN:

http://www.grin.com/de/e-book/136823/material-exchange-vs-vergleichbare-formate

M. Gläß, M. Flügel, N. Röhr, R. Rygol

Material eXchange vs. vergleichbare Formate

GRIN Verlag

GRIN - Your knowledge has value

Der GRIN Verlag publiziert seit 1998 wissenschaftliche Arbeiten von Studenten, Hochschullehrern und anderen Akademikern als eBook und gedrucktes Buch. Die Verlagswebsite www.grin.com ist die ideale Plattform zur Veröffentlichung von Hausarbeiten, Abschlussarbeiten, wissenschaftlichen Aufsätzen, Dissertationen und Fachbüchern.

Besuchen Sie uns im Internet:

http://www.grin.com/

http://www.facebook.com/grincom

http://www.twitter.com/grin_com

FOM - Fachhochschule für Oekonomie & Management

Berufsbegleitendes Studium zum
Dipl.-Wirtschaftsinformatikers (FH)

5. Semester

Material eXchange vs. vergleichbare Formate

Autoren: Marc Flügel
           Michael Gläß
           Nils Röhr
           Robert Rygol

Essen, 19. Januar 2008

Abstract

Die vorliegende Arbeit befasst sich mit den Medienformate in der Postprodukti-on. Die digitale Nachbearbeitung erfordert besondere Merkmale an ein digitales Dateiformat. Diese besonderen Merkmale werden am Beispiel von Material eX-change Format ausführlich dargestellt. Das direkte Konkurenzformat Global eX-change Format wird ebenso analysiert. Abschliessend werden die beiden großen Dateiformate der Postproduktion MXF und GXF mit ASF verglichen.

Inhaltsverzeichnis

Abbildungsverzeichnis

Tabellenverzeichnis

1 Einleitung

Im Wandel von der Industrie- zur Informationsgesellschaft gewinnen die Aktualität, die Qualität sowie die Quantität von Informationen zunehmend an Bedeutung. Die Produktion von Wissen erzielt höhere wirtschaftliche Wertschöpfung als die Produktion von Gütern. Alte Märkte werden von neuen Medien verdrängt.

Aus der Entmaterialisierung der wirtschaftlichen Wertschöpfung ergibt sich eine Verknappung der Ressource Aufmerksamkeit wogegen Geld an Bedeutung verliert. Aufmerksamkeit ist die knappste Ressource der Informationsverarbeitung. Sie misst einerseits die menschliche Beachtung, andererseits aber auch den ökonomischen Wert einer Neuigkeit[1]. Gerade im Bereich von Rundfunk- und Fernsehproduktionen lassen sich in den letzten Jahren die steigende Bedeutung von Transport und Interoperabilität von Informationen in der Postproduktion (dem sog. Workflow[2]) und der Vermarktung von Medieninhalten beobachten.

Proprietäre Lösungen von Sendeanstalten und Produktionsfirmen verzögern, bzw. behindern den Informationsfluss zur Postproduktion sowie zum Konsumenten erheblich. Der Grad der Aufmerksamkeit hängt allerdings proportional mit der Aktualität der Informationen zusammen. Daher begründet sich ein wirtschaftliches Interesse nach einem einheitlichen Datenformat zur Speicherung, Bearbeitung und für den Austausch von Medieninhalten. Um diesem Anspruch gerecht zu werden wird seit 2003 das Containerformat (auch Hüll- oder Wrapper- Format genannt) MXF (Material Exchange Format) standardisiert[3].

Diese Arbeit befasst sich mit den Möglichkeiten des Austauschs von (konservierten) Informationen. Also den Datenformaten, die die Speicherung und den Versand von Bild-, und Tonmaterial sowie der zugehörigen Metadaten[4] gewährleisten. Diese Datenformate werden im Laufe dieser Arbeit beleuchtet und kritisch untereinander und gegen das MX-Format im Besonderen verglichen.

---

[1]Vgl. Frank [10]
[2]Vgl. Forschungsbericht MovieCollege[29]
[3]Vgl. Höntsch [14]
[4]Näheres in Kapitel 2.2.5

2 Grundlagen

2.1 Evolution

Die folgende Tabelle soll einen zeitlichen Überblick über die Entwicklung im Medienbereich von audiovisuellen Daten sowie deren Bearbeitungsmöglichkeiten und Distribution in Europa vermitteln.

Jahr	Ereignis
1895	Geburtsstunde des Film
1927	Erster Tonfilm
1950	Erster Farbfilm
1953	Beginn des Schwarz/Weiss-Fernsehen
1960	Erste MAZ (Magnetaufzeichnung)
1970	Beginn des Farb-Fernsehen
1975	Mehrkanalton wird eingeführt
	Entwicklung des VHS-Recorder
1980	Einführung von Heimvideogeräten
1985	Einführung von Video 8-Camcordern für den Heimbereich
1990	Digitalisierung des TV-Sendebetrieb
	Einführung des Dolby Digitalton
	Einführung des HI 8 Videoformat
1995	Einführung von Digital Video (DV) Endgeräten
2000	Einführung des Digitalfilm
	Einführung von HDTV (High Definition Television) und DVB
	(Digital Video Broadcasting)
	Etablierung von DVD (Digital Versatile Disc) und PC-Video

Tabelle 2.1: Evolution der AV-Bearbeitung[1]

Da diese Fallstudie sich speziell mit den Datenformaten im Medienbereich befasst ist die so genannte Postproduktion von besonderem Interesse. Unter dem Begriff Postproduktion versteht man alle Arbeitsschritte, die dazu dienen aufgenommenes Rohmaterial (Video und Audio) zum Endprodukt zu veredeln, also nachzubearbeiten.

---

[1]Vgl.Heyna [13], S.16ff; AV steht für Audio und Video

Dazu gehören beispielsweise

- Der Schnitt des Materials

- Die Veränderung einer Tönung von Filmmaterial

- Das Einfügen von visuellen Effekten

- Die Bearbeitung des Ton, bzw. das nachträgliche Vertonen

- Das Ergänzen von Vor- und Abspann

Nachdem in den Anfängen der Postproduktion der Film, teilweise unter erheblichem Qualitätsverlust, analog bearbeitet, geschnitten und kopiert wurde, kam Mitte der Achtzigerjahre das erste digitale Gerät von der Firma Quantel auf den Markt. Mit diesem Gerät wurden erstmals alle Arbeitsschritte der Postproduktion mit dem Material ohne Qualitätsverlust abgewickelt[2].

Betrachtet man die Entwicklung der Postproduktion lässt sich ein Wandel vom linearen Workflow (klassische Bearbeitung) zum nichtlinearen Workflow (moderne Bearbeitung) beobachten.

2.1.1 Klassische Bearbeitung von AV-Daten

Der lineare Workflow in der Postproduktion ist vereinfacht formuliert das kopieren gewünschter Sequenzen von Quellbändern auf ein neues Band in bestimmter Reihenfolge und unter Einbringung von Effekten durch ein Editingsystem[3].

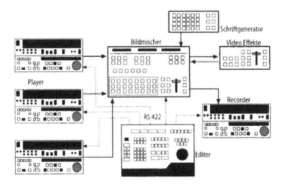

Abbildung 2.1: Schematischer Aufbau eines linearen Editingsystems[4]

---

[2]Vgl. Bodemann [6]
[3]Vgl. Heyna[13],S.17
[4]Entnommen aus: Schmidt [24], S.698

Diese Verfahrensweise ist in der Postproduktion nach wie vor weit verbreitet. Zwar kommt es durch lange Bandspulzeiten zu den jeweils gewünschten Sequenzen zu einem hohen Zeitaufwand, dafür kann direkt das Originalband als Quelle verwendet werden. Darüber hinaus ist dieses Verfahren aufgrund jahrzehntelanger Praxis ausgereift.

2.1.2 Die moderne Bearbeitung von AV-Daten

Beim nichtlinearen Workflow wird im Gegensatz zum linearen Workflow keine Kopie der Quelldaten vorgenommen. Es wird mittels IT eine Datei erstellt. In dieser Datei liegen dann Verweise auf die Quellsequenzen und andere Metadaten[5]. Die Quelldaten müssen dazu allerdings auf elektronischen Speichermedien (meist Festplatten) vorliegen. Liegen Sie als MAZ vor müssen Sie vor der Postproduktion ins Editingsystem eingespielt werden[6].

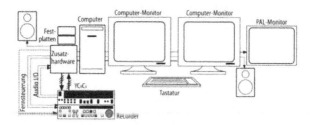

Abbildung 2.2: Schematische Darstellung eines nichtlinearen Editingsystems[7]

Die Vorteile sind, dass für einen einfaches Editingsystem nur ein einziges kostspieliges MAZ-Gerät erforderlich ist. Die anderen Komponenten des Schnittplatzes sind im Prinzip Standard PC Hardware[8]. Des Weiteren können erkannte Fehler ohne nennenswerten Aufwand korrigiert werden, da es sich ja um „virtuellen" Schnitt handelt, der Verweise auf die Originaldaten beinhaltet. Durch Änderung der Verweise lässt sich das Ergebnis also einfach korrigieren. Nicht zuletzt sei hier noch erwähnt, dass unter Anwendung dieses Verfahren zentral liegenden Quelldaten von mehreren Editingsystemen und auch für mehrere verschiedene Projekte verwendet werden können. Die Daten lassen sich einfach und preiswert über zunehmend leistungfähigere Netzwerke transportieren[9].

---

[5]Näheres in 2.2.5
[6]Vgl. Heyna[13],S.17
[7]Entnommen aus: Schmidt [24], S.703
[8]Vgl. Schmidt [24], S.703
[9]Vgl. Heyna[13],S.18

Ein Qualitätsvorsprung im Ergebnis bei Anwendung des nichtlinearen Workflow ist nicht zu erkennen, da in beiden Verfahren längst die Digitalisierung Einzug gehalten hat[10].

2.2 Grundbegriffe

Da in der Informations- und Telekommunikations-Technologie häufig Begriffe mehrfach belegt sind, werden einige dieser Ausdrücke hier näher erläutert. Diese Erläuterung ist vorbereitend, zu den später verwendeten Kapiteln.

2.2.1 Kompressionsverfahren

Unter Kompression versteht man in der Informatik die Verdichtung von Speicherplatz durch Reduktion der Datenmenge.

Es gibt zwei Grundarten der Komprimierung[11]:

- Verlustfreie Komprimierung
- Verlustbehaftete Komprimierung

Je nach Anwendungsfall kann es sinnvoll sein, sich für einen Bereich zu entscheiden.

2.2.1.1 Verlustfreie Komprimierung

Unter der verlustfreien Komprimierung versteht man, dass das Ergebnis der Kompression sich zu 100% in die Ausgangsbasis zurückversetzen lässt. D.h. wenn man das komprimierte Ergebnis wieder dekomprimiert, sich dieses zu 100% mit der Ursprungsbasis deckt.

Durch den Austausch von sich wiederholenden Byte-Folgen durch eine Alternative Symbolik kann Speicherplatz eingespart werden. Dieses Verfahren wird Redundanzreduktion genannt.

---

[10]Vgl. Heyna[13],S.1
[11]Vgl. Kückes [16]

2.2.1.2 Verlustbehaftete Komprimierung

Bei der verlustbehafteten Komprimierung entfallen Teile der Ursprungsbasis. Das bedeutet, dass das komprimierte Ergebnis nach der Dekomprimierung nicht mehr zu 100% mit der Ursprungsbasis übereinstimmt. Durch Entfernen von Informationen lassen sich höhere Kompressionsraten als bei der verlustfreien Komprimierung erreichen.

Man spricht bei der verlustbehafteten Komprimierungen auch von der Irrelavanzreduktion.

Um das Ergebnis der Komprimierung im Hinblick auf Qualität und Ratio zu optimieren, macht man sich menschliche Eigenschaften zu nutze.

Das menschliche Gehör hat ein begrenztes Hörvermögen. Das Audio-Format MP3, entwickelt vom Frauenhofer Institut, komprimiert die Daten nach psycho akustischen Gesichtspunkten. Frequenzen, die das menschliche Gehör nicht wahrnehmen kann, werden ausgefiltert. Des Weiteren macht man sich das Verfahren der zeitlichen Verdeckung[12] zu nutze. Das Ohr kann seine volle Leistung nach einem Schalleindruck erst einen Moment später wieder aufbauen, so das man die leisen Töne, welche auf das ersten Schallereignis folgen, ebenfalls ausfiltern kann[13]. Dies sind zwei Charakterisitika, welche Speicherplatz in einem Audio-Format, wie MP3, freigeben.

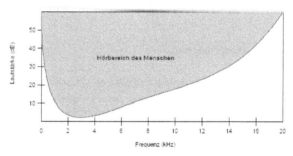

Abbildung 2.3: Frequenzbereich des menschlichen Gehörs[14]

Typische Komprimierungsformate sind MPEG[15], Ogg Vorbis oder AAC.

Bei der Speicherung von Bild- und Audio-Informationen entstehen hohe Datenaufkommen.

---

[12]Vgl. Bruns/Meyer-Wegner[7],S.67
[13]Vgl. Holzinger [15], S.75ff
[14]Entnommen aus: [26], S.11, Stand: 29.12.2007;angelehnt an Bruns/Meyer-Wegner[7],S.124
[15]Vgl. Schmidt[23],S.130

Beispiel: Audio, 80 Minuten, Stereo, CD-Qualität[16] (44,1 kHz)

$$\frac{80' * 60'' * 2Kanal * 44100Hz * 16BitAufl.}{8} = 807MB$$

Bilddateien enthalten Informationen über jeden Punkt (Pixel) eines Bildes. Jeder Pixel enthält die Information über Helligkeit und Farbwert. Um die Bildinformationen zu reduzieren werden Komprimierungs-Algorithmen benutzt. Beispielsweise das Run Length Encoding (RLE).

Die Run Length Encoding, zu deutsch die Lauflängenkodierung, macht sich den Umstand zu Nutze, dass viele Daten Passagen mit sich wiederholenden, identischen Zeichen aufweisen. Diese Wiederholungen werden durch Angaben über die Länge der Sequenz ersetzt(siehe Abb. 2.4). Im Beispiel wird eine Kompressionsrate von 50% erreicht (16 Bytes vorher, 8 Bytes nachher).

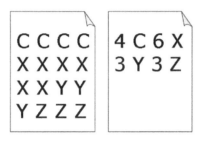

Abbildung 2.4: Beispiel Lauflängenkodierung[17]

Ein wichtiges Einsatzgebiet ist die Kompression von einfachen Graphiken, die einen hohen Anteil von gleichfarbigen Flächen beinhalten, wie z.B. Skizzen, Diagramme oder technische Zeichnungen. RLE-Verfahren sind beispielsweise Bestandteil von BMP-, TIFF- und PCX-Unterformaten.

RLE ist eines der einfachsten Datenkompressionsverfahren und stellt geringe Anforderungen an Soft- und Hardware.

Die Beschreibung, wie Daten komprimiert und wieder dekomprimiert werden, wird als Codec bezeichnet. Die einzelnen Codec unterscheiden sich je nach Anwendungsfall.

---

[16]CDDA basiert auf den Redbook Standard von 1983
[17]Angelehnt an Holzinger[15], S.157

2.2.2 Key-Length-Value-Protocoll

Zu deutsch, Schlüssel-Längen-Inhalt-Protokoll ist ein Verfahren zur Transformation der Daten in einen seriellen Bytestrom. Definiert wurde dieses Verfahren von der SMPTE im Dokument 336M.

Abbildung 2.5: Key-Length-Value Aufbau[18]

Jedes Teil besteht aus einem Schlüssel (Key) am Anfang. Anschließend folgen Längenangabe (Lenght) und Inhalt (Value). Dabei besteht dieser Inhalt wieder aus Dateien, die in der gleichen Reihenfolge angeordnet sind.

Alle diese KLV Einheiten sind in einer bestimmten systematischen Ordnung gelagert[19].

Das Feld Key(Schlüssel) beschreibt den Typ des Inhaltfeldes. Typische Werte und Beschreibungen für das Feld Key sind:

01 = „Verzeichnis Inhalte"
02 = Gruppen (Sätze oder Zusammensetzung von Metadaten)
03 = Container, Wrapper
04 = Bezeichner (Labels)

Tabelle 2.2: Typische Werte des Key-Feldes

Das Feld Length definiert die Länge der nachfolgenden Daten. Besonders dabei hervorzuheben ist die Notation in *big-Endian*. Big-Endian[20] und das Gegenstück Little-Endian[21], unterscheiden sich in der binären Darstellung, wo die erste signifikante Stelle angibt, ob die Zahl positiv oder negativ ist.

Das Feld Value beinhaltet nun eine Sequenz von Bytes, mit einer Länge die im Feld Length angegeben wurde.

2.2.3 Containerformate

Definition Container: Ein Container ist ein Behältnis, welches verschiedene Inhalte beherbergt.

---

[18]Angelehnt an Wells[30], S.208
[19]Definiert in SMPTE 377M-2004
[20]Vgl. Schmidt [23], S.23
[21]Vgl. Barnet[5]

Unter Containerformate in der Medieninformatik versteht man, das mehrere einzelne Dateiformate in einem zusammengefasst sind. Diese zusammengefassten Daten können unterschiedlichen Typs und Länge sein.

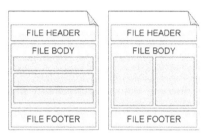

Abbildung 2.6: Beispiel Container-Aufbau

Das wohl bekannteste Containerformat ist AVI mit der Bezeichnung RIFF. AVI steht für Audio Video Interleave und enthält sowohl Bild- als auch Tondaten. RIFF steht für Resource Interchange File Format. Das Audioformat WAVE beinhaltet einen RIFF-Container, der aus mehreren Chunks (engl. Bröckchen) besteht.

Beispielsweise enthalten die Chunks Metadaten über die Audiodatei, wie Anzahl der Kanäle, Abtastrate, Modulation.

Der Aufbau eines Containerformats entscheidet, ob eine Datei streaming-fähig ist, oder nicht. So kann eine Datei, wo die Audio- und Videodaten hintereinander in der Datei selbst abgelegt sind, erst abgespielt werden, wenn sich diese bereits geladen wurde.

Hingegen wenn Audio- und Videodaten über ein Multiplex-Verfahren verteilt sind (Bsp.10 Bilder, 1 Sekunde Ton, 10 Bilder, 1 Sekunde Ton) können diese bereits angezeigt bzw abgespielt werden, bevor die komplette Datei geladen wurde. Siehe auch Abb. 3.6.

2.2.4 Essenz

Alle audiovisuellen Daten, die zu einer Produktion gehören, werden als Essenz bezeichnet. Sie stellen die reinen Information dar, welche zur Verarbeitung herangezogen werden.

Das dazu genutzte Bild- wie auch Tonformat ist nicht näher definiert. Die Unterstützung für verschiedene Formatkompressionen ist abhängig von der Verwendung. Dies wird in den nachfolgenden Kapiteln wieder aufgegriffen.

2.2.5 Metadaten

Daten, die selbst wieder andere Daten beschreiben, nennt man Metadaten. Metadaten werden auch Beschreibungsdaten genannt[22]. Metadaten werden werden in vielen Anwendungsgebieten genutzt. Beispielsweise in der Bibliothek, wo in der Datenbank Informationen über Standort des Buches, Autor, Verlag und Erscheinungsdatum gespeichert werden. Oder daheim mit der Audio-CD, welche am PC ausgelesene Lieder mit der Datenbank im Internet CDDB[23] abgleicht und die Angabe von Interpret, Titel und Album herausfindet. Intelligente Suchmaschinen im Internet verhelfen der Recherche mit Schlagwörtern nach vielen Treffern.

Bei den meisten Dateiformaten in der Medieninformatik sind diese zusätzlichen Informationen kein Muss-Bestandteil.

Für die Dateiformate MXF, GXF, und AAF werden die Metadaten weiter unterteilt in „Strukurelle" und „Deskriptive".

2.2.5.1 Strukturelle Metadaten

Die strukturellen Metadaten im File-Header beschreiben die Struktur innerhalb der Datei und der eingeschlossenen Essenz. Es ist die komplette Beschreibung des Dateiinhalts, ohne jedoch selbst die Essence zu beherbergen. Es beschreibt die Synchronisation und den zeitlichen Verlauf der Essence.

2.2.5.2 Deskriptive Metadaten

Während strukturelle Metadaten für die Maschinen gemacht sind und Anweisungen beinhalten, ab wann welches Bild mit welchem Ton zur welchen Zeit abgespielt werden muss, dienen deskriptive Metadaten Menschen mit begleitenden Informationen zur Essenz.

Der Urheber, der Drehort oder Zeitpunkt stellen nur einen kleinen Teil der Menge an Informationen dar, welche zu einer Essenz gespeichert werden können.

---

[22]Vgl. Barnet[5]
[23]Abk. Compact Disc Data Base

3 Material eXchange Format

Historisch betrachtet geht die Entwicklung der MXF-Formates auf die Arbeit der „EBU/SMPTE Task Force for Harmonized Standards for the Exchange of Programm Material as Bitstreams" zurück, die ihre Arbeit im November 1996 begann[1]. Die Aufgabe der Task Force war es die technische Entwicklung im Bereich der Vernetzung, Verarbeitung und Speicherung multimedialer Daten im Broadcasting zu untersuchen und daraus wegweisende Entscheidungen zu treffen, die zu Standardisierungen führen. Auf Basis einiger Entwicklungen der SMPTE engeneering committees, wie Key-Length-Value-Coding[2], Unique Material Identifier und Serial Data Transport Interface, begann das Professional-MPEG Forum 1999 mit der Definition des MXF-Formates. Grundlagen waren dabei folgende Anforderungen[3] :

- die Möglichkeit sowohl programmrelevate Daten, als auch Video- und Audiodaten zu speichern.

- die Möglichkeit mit Inhalten der Datei zu arbeiten, bevor die Datei vollständig übertragen ist.

- die Möglichkeit Informationen aus der Datei zu lesen / zu decodieren, selbst wenn die Datei nicht vollständig ist.

- Das Format sollte offen, standardisiert und unabhängig vom Kompressionsverfahren sein.

- Das Format ist auf den Austausch von vollständigen Programmen oder von Programmsegmenten ausgelegt.

- Als wichtigste Anforderung sollte das Format einfach genug sein, um Echtzeitimplementierung zu erlauben.

---

[1]Vgl. Wells [30], S. 6
[2]Näheres in Kapitel 2.2.5
[3]Vgl. Wells [30], S. 2

Aus diesen grundlegenden Anforderungen wurden folgende elementare Konzepte entwickelt[4]:

- Die Datei besteht aus den Hauptelementen Header Metadata , Essence Container und Index Table

- Die Datei kann in Einzelteile zerlegt werden und diese Einzelteile können gesondert gespeichert werden.

- Das Element Header Metadata setzt sich aus strukturellen Metadaten und optionalen, beschreibenden Metadaten zusammen.

- Metadaten können auch im Essence Container oder gar als Teil der Essence hinterlegt werden

- Die strukturellen Metadaten definieren den Inhalt einer Datei.

- Die Header Metadata wird im Rahmen eines, zum AAF Daten Modell, kompatiblen Datenmodells erstellt.

- Das Topmost Package repräsentiert das auszugebende Material, nicht den Essence Containers . Eine MXF-Datei kann mehrere Container bzw. Packages enthalten.

3.1 Essenz

Der Begriff Essenz muß für das MXF-Format erweitert werden[5]. Im MXF-Format besteht nicht nur die Möglichkeit audiovisuelle Daten zu hinterlegen, sondern auch begleitende Daten, wie zum Beispiel Untertitel, Videotext u.ä. Im Grundsatz ist dieses Format für alle möglichen und zukünftigen Inhalte offen, sogar dafür geschaffen[6]. Essenzen können intern in der MXF-Datei, extern in einer oder mehreren MXF-Dateien, aber auch extern als Nicht-MXF-Datei vorhanden sein.

Zum heutigen Tag sind 11 Spezifikationen für den Gebrauch in Verbindung mit dem MXF-Format dokumentiert[7]:

MPEG Streams, AES3 Streams and Broadcast Wave Audio, DV-DIF Data, Uncompressed Pictures, SDTI-CP Essence, Type D-10 Essence Data, D-11 Essence Data, A-law Coded Audio, JPEG 2000 Codestreams, VBI Lines and Ancillary Data Packets, MPEG Long GOP, AVC Streams

---

[4]Vgl. Wells [30], S. 13
[5]Näheres in Kapitel 2.2.4
[6]Vgl. Wells [30], S. 7
[7]Vgl. The Library of Congress[28]

3.2 Metadaten

Wie im Kapitel 2.2.5 Metadaten beschrieben unterscheidet man im MXF-Format zwischen Strukturellen und Deskriptiven Metadaten.

3.2.1 Deskriptive Metadaten

Die Deskriptiven Metadaten sind zusätzliche, beschreibende Informationen über das in der MXF-Datei enthaltene Material, wie zum Beispiel Ortsangaben, Zeitdaten, Kameraeinstellungen, Komponist etc. Diese Informationen dienen unter Anderem der Kategorisierung und Katalogisierung in entsprechenden Archivsystemen. Deskriptive Metadaten können auf mehreren Ebenen innerhalb einer MXF-Datei hinterlegt werden. Auf der Ebene des Material Package geben sie Informationen zur Ausgabe bei der Wiedergabe. Auf der Ebene der File Package geben sie Informationen zum in der Essenz hinterlegtem Material.[8]

3.2.2 Strukturelle Metadaten

Die strukturellen Metadaten nehmen in vielen Fällen vom Umfang her nur einen kleinen Teil der Datei ein[9], enthalten aber wichtige, maschienenortientierte Informationen zur Essenz. Dies sind Daten wie Format der Videodatei, Kompressionsrate, Bildformat, Format der Sounddatei, Bitraten, Dateigröße etc.
Die beiden Elemente der strukturellen Metadaten , mit denen dies verwirklicht wird, sind die so genannten Material Package und File Package.

3.2.2.1 Material Package

Das Material Package[10] stellt die sogenannte Output Timeline dar, d.h. es enthält Daten zum Abspielen und Synchronisieren der Datei. Wie jedes Package im MXF-Format umfasst das Material Package eine Sammlung von Tracks. Die Tracks werden unterschieden in Timecode Tracks, Essence Tracks und Descriptive Metadaten Tracks [11]. Jedes Material Package enthält mindestens einen durchgehenden Timecode Track, der die Zeitlinie der Produktion beschreibt. Parallel

---

[8]werden in den folgenden Abschnitten Material Package und File Package erklärt
[9]Vgl. Wells [30], S. 25
[10]Vgl. Wells [30], S. 64
[11]Auch DM Tracks genannt

enthält das Package noch die Essence Tracks in denen auf die unten beschriebe-
nen File Packages referenziert wird. Die optionalen DM Tracks sind Tracks mit
Informationen zum Output, wie zum Beispiel Ortsdaten, Personendaten, Zusatzinformationen über die Aufnahmen und Ähnlichem. Je nach Applikationen werden diese beschreibenden Daten aus den File Packages kopiert oder aus dem jeweiligen Track auf den entsprechenden im File Package referenziert. Das Material
Package ist definiert durch das Dokument der SMPTE 377M.

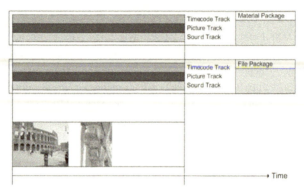

Abbildung 3.1: Beziehung zwischen Material Package und File Package[12]

3.2.2.2 File Package

Das File Package ist von der Struktur aufgebaut wie das Material Package. Es besteht aus einem oder mehreren Timecode Tracks, einem oder mehreren Essence
Tracks und optionalen DM Tracks. Die Essence Tracks referenzieren hier auf die
eigentliche Essenz, die innerhalb der MXF-Datei oder extern liegen kann. In einem File Package wird der gesamte Inhalt eines Generic Containers beschrieben
und darauf referenziert.

Ein wichtiges Element der inhaltlichen Beschreibung der Essenz sind die sogenannten Essence Descriptors. Diese werden unterteilt in zwei wesentliche Kate-
gorien: File Descriptors und Physical Descriptors[13].

Die Physical Descriptors beinhalten im Wesentlichen wie der Inhalt in die MXF-
AAF Umgebung gekommen ist, z.B. durch Digitalisierung oder Konvertierung
eines anderen Dateiformats. Die File Descriptors beinhalten die technischen Daten der Essenz die zur Weiterbearbeitung benötigt werden, wie z.B. Kompression,

---

[12]Quelle: Wells [30], S.26
[13]Vgl. Wells [30], S. 32

Bitrate, Anzahl der Tonkanäle etc. Spezifiziert werden die Deskriptoren unter anderem in den Dokumentationen der SMTPE Nummern 377M, 381M, 382M.
Neben der vorrangigen Funktion der Weiterbearbeitung haben die File Descriptors noch eine zweite Funktion, die im Zusammenhang mit der sogenannten Source Reference Chain interessant werden.

3.2.2.3 Source Reference Chain

Ursprünglich war ein Ziel die vollständige Historie des Materials in einer MXF-Datei zu dokumentieren. Als klar wurde, dass einigen Applikationen eine reine Beschreibung der Veränderungen nicht ausreichte, sondern eine vollständige Historie, inklusive aller Originaldaten für einige Applikationen von Nöten ist, wurde das AAF Datenmodell übernommen. Daraus entstand das Konzept der Source Reference Chain[14].

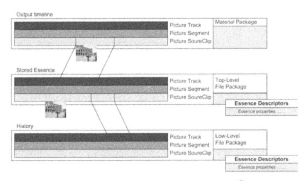

Abbildung 3.2: Source Reference Chain[15]

Im Wesentlichen ist die Source Reference Chain eine Verknüpfung mehrerer Generationen von Inhalt. Wie oben beschrieben referenziert das Material Package auf, im einfachsten Fall, ein File Package. Dieses Package wird das Top-Level File Package genannt. Vorläufergenerationen liegen in sogenannten Lower-Level File Packages vor und referenzieren auf die historischen Essenzen in ihrem jeweiligem internen Generic Container oder auf externe Quellen. Sofern es sich um technische Änderungen handelt, wie zum Beispiel Änderung der Bildauflösung oder Samplingrate, werden die orginalen Informationen im File Desriptor eines Low-Level File Packages, die Informationen zur geänderten Essenz im Top-Level File Package gespeichert.

---

[14]Vgl. Wells [30], S. 31
[15]Quelle: Wells [30], S.31

Nach mehrfachen Änderungen ergibt sich eine ‚Kette' von Versionen der jeweiligen File Packages und der Essenzen. Aus diesem Umstand ergibt sich die Bezeichnung ‚Source Reference Chain ' dieses Konzeptes.

3.3 Operational Pattern

Eine MXF-Datei kann, je nach Anforderungen, eine sehr hohe, fast beliebige Komplexität haben[16]. Eine solche Komplexität bedeutet aber auch eine hohe Anforderung an Ressourcen, sei es Speicherplatz oder Systemleistung, um die Daten zu verarbeiten. Um zu verhindern, dass ein System, trotz geringer Komplexität einer MXF-Datei, alle Möglichkeiten/Variationen einer hohen Komplexität abarbeiten muss, werden im MXF-Format sogenannte Operational Pattern benutzt.

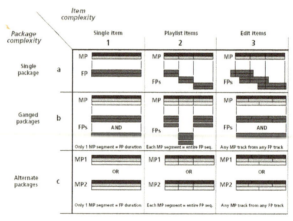

Abbildung 3.3: Matrix der Operational Pattern[17]

Beim Entwurf des MFX-Formats wurden neun grundlegende ‚(Generalized) Operational Pattern ' (OP) definiert (s. Abbildung). In der Horizontalen, bezeichnet mit den Ziffern 1-3, wird das Verhältnis zwischen Material Package und File Package bezüglich der Schnittliste (EDL) festgelegt.
Konkret heißt das[18]:

- Item Complexity 1:
  Das Material Package bezieht sich auf eine (durchgehende) Sequenz , in ei-

---

[16]Vgl. Arne Nowak / Jan Röder[19],S.78
[17]Entnommen aus Devlin [8], S. 5
[18]Vgl. Wells [30], S. 34 und 96ff.

nem oder mehreren File Packages, d.h. Länge des Material Package = Länge des/der File Package(s)

- Item Complexity 2:
  Das Material Package bezieht sich auf mehrere Sequenzen, in einem oder mehreren File Packages. Die einzelnen Elemente, wie Bild, Ton, Daten etc. sind dabei parallel und synchron im File Package dargestellt und werden vollständig und nacheinander verwendet , wie z.B. in einer Play-Liste.

- Item Complexity 3:
  In dieser sehr komplexen Variation ist eine beliebige Zusammenstellung der in den File Packages hinterlegten Tracks möglich. Das heißt, dass die Sequenzen, die aus in einem File Package aufgerufen werden unterschied-liche Länge haben können oder Tracks aus unterschiedlichen File Packages zusammengestellt werden können. Verdeutlichen lässt sich dies gut an der Abbildung 3.3. Oben rechts in der Grafik (Operational Pattern 3a) sieht man, im Material Package (MP) den oberen, dunklen Track (könnten Bilddaten sein) der länger ist, das der darunter abgebildete Track (z.B. Tondaten). Die-se Tracks verweisen auf das File Package 1 (FP1). An der Stelle der Timeline, an der im Material Package der (Ton-)Verweis endet wird auf Tondaten im File Package 2 (FP2) verwiesen. Dies geschied obwohl noch Tondaten im File Package 1 referenziert sind. Es ist in dieser Variation also möglich einen beliebigen Zusammenschnitt aus allen aktiven File Packages zu erstellen.

In der Vertikalen (in der Abbildung), bezeichnet mit den Buchstaben a-c, ist die Komplexität bezogen auf die Packages abzulesen.
Konkret heißt das[19]:

- Package Complexity a:
  Es gibt ein Material Package und es referenziert auf Sequenzen jeweils eines File Packages

- Package Complexity b:
  Es gibt ein Material Package und es referenziert auf mehrere File Packages

- Package Complexity c:
  Es gibt mehrere Material Packages und beliebig viele File Package

---

[19]Vgl. Wells [30], S. 34 und 96ff.

3.3.0.4 Hauptanwendnungsgebiete der Generalized Operational Pattern

OP1a: gebräuchlich als Ersatz für Magnetbänder und das AVI-Dateiformat. Es dient auch als Archivformat und als Format bei optischen und magnetischen Laufwerken. Dokumentiert in SMPTE 378M.

OP1b: bekommt zunehmende Bedeutung zur Erstellung von Produktionen im Sinne eines ‚Master Files ' mit dessen Hilfe mehrsprachige und multiversionale Produktionen erstellt werden können. In Verbindung mit dem OP1b werden meist externe Essenzen, meist OP-Atom-Dateien[20], verwendet. Dokumentiert in SMPTE 391M.

OP1c: ist die einfachste Variante eines ‚Master File Format ' für mehrsprachige und multiversionale Produktionen. In Verbindung mit dem OP1c werden meist externe Essenzen, meist OP-Atom-Dateien, verwendet. Dokumentiert in SMPTE 408M.

OP2a: ist in der Praxis faktisch bedeutungslos. Dokumentiert in SMPTE 392M.

OP2b: wird von einigen Ausgabeanwendungen genutzt, ist aber als Kombinatioen der OP1b und OP2a fast bedeutungslos, da in der Wirkung mit dem OP1b die gleichen Ergebnisse zu erzielen sind. Aus diesem Grunde werden Produktionen nach OP2b in OP1b umgewandelt. Dokumentiert in SMPTE 393M.

OP2c: ist eine Erweiterung der mehrsprachigen und multiversionalen Möglichkeiten. Mit dem OP2c können einzelne Teile den Anforderungen, sprachlich oder visuell, verschiedener Zielgruppe, in einer MXF-Ausgabegruppe angepasst werden. Dies kann z.B. durch Anpassung der Titelsequenz oder der Credits umgesetzt werden. Dokumentiert in SMPTE 408M.

OP3a: ist die Einführung der vollen Cut-List-Funktionalität, d.h. beliebigen Zugriff auf die File Packages. Dieses Pattern hat in der Praxis keine Bedeutung. Dokumentiert in SMPTE 407M.

OP3b: erweitert die Möglichkeiten des OP3a um Zugriffe auf weitere File Packages, so dass parallel auf beliebige File Packages zugegriffen werden kann. Es ist ein Pattern, daß sich zum Erstellen und Bearbeiten von Produktionen eignet. In der Praxis wird aber mehr auf das Advanced Authoring Format (AAF) zurückgegriffen. Dokumentiert in SMPTE 407M.

---

[20]Näheres zu OP-Atom auf S.19

OP3c: vereinigt alle Funktionalitäten der oben genannten Pattern. Es eignet sich zur Veröffentlichung von fertigen, mehrsprachigen und multiversionalen Produktionen (als Single File, d.h. mit internen Essenzen) oder als Archiv in Form einer Sammlung von externen Essenzdateien. Dieses hochentwickelte Pattern wird zur Zeit noch nicht eingesetzt. Dokumentiert in SMPTE 408M.

3.3.0.5 OP-Atom

Ein spezielles Operational Pattern mit besonderer Bedeutung in der Praxis ist das OP-Atom. Die wesentlichen Merkmale des OP-Atom sind[21]:

- eine OP-Atom Datei hat ein Top-Level File Package, daß auf den einzigen Essenz Container in der Datei verweist.

- das File Package hat genau einen essenzbeschreibenden Track.

- der Essenz Container ist intern.

- in jeder OP-Atom Datei gibt es ein Material Package. Die Anzahl an Tracks ist im Material Package nicht beschränkt. Dies ermöglicht Gruppierungen von OP-Atom Dateien, in denen jeweils das identische Material Packge vorliegt und damit zur Synchronisation der Gruppe dient.

- es gibt genau eine Index Table[22] im File Footer

- es existiert nur ein Set an Header Metadaten im File Header

In der Praxis wird dieses Pattern in nicht-linearen Editingsystemen und in Kamera Wechseldatenträgern genutzt. Dokumentation: SMPTE 390M

3.4 Datenstruktur

Vorweg ein paar Begrifflichkeiten, die in allen Teilen der MXF-Datenstruktur relevant sind oder sein können:

Partition: Eine Partition ist die kleinste Einheit einer MXF-Datei, die analysiert und decodiert werden kann[23]. Eine solche Partitionierung kann z.B. zu streaming Zwecken oder zur Fehlerkontrolle gemacht werden. Jede Partition beginnt mit einem Partition Pack und enthält die Eigenschaften (Strukturelle Metadaten) der Partition.

---

[21]Vgl. Wells [30], S. 103f
[22]wird im folgenden Abschnitt Datenstruktur auf S. 20 erläutert.
[23]Vgl. Wells [30], S. 69

Key-Length-Value-Protocol: Siehe Abschnitt 2.2.2 S. 8. Alles in einer MXF-Datei ist auf Grundlage dieses Protokolles codiert.

Index Table: Ein Index Table enthält Informationen, die es erlauben auf jegliche Inhalte der Essenz zuzugreifen, ohne die gesamte Essenz durchlaufen zu müssen[24], d.h. die Zeitlinie wird in Positionen und Byte Offsets innerhalb der Essenz Partitionen umgerechnet. Die Index Table werden unter Anderem zum Bearbeiten von Programmen oder zum Abspielen von Operational Pattern der Item Complexity 3 benötigt.

Eine weitere Besonderheit des Index Table im Rahmen einer MXF-Struktur ist, dass sie technisch sehr variabel angelegt werden können, d.h. eine Index Table kann in einem Stück oder segmentiert vorliegen[25]. Segmente können Teil des File Header, Body und / oder Footer sein. Sie können als eigene Partition oder als Teil einer Partition (sowohl Header, Footer als auch Teil der Partition mit ihrer assoziierten Essenz) implementiert sein[26].

3.4.1 File Header

Der File Header besteht immer aus mindestens einer 64KByte Partition. Inhaltlich besteht der File Header im wesentlichen aus Metadaten. [27]. Der File Header kann Index Tables enthalten.

Abbildung 3.4: vereinfachte Grundstruktur einer MXF-Datei[28]

---

[24]Vgl. Wells [30], S. 264

[25]Im Folgenden wird nur der Begriff Segmente benutzt, womit eine vollständige Index Table eingeschlossen ist.

[26]Vgl. Wells [30], S. 267

[27]siehe Abschnitte 2.2.5, S. 10 und 3.2 S. 13

[28]Angelehnt an: Wells [30], S.76

3.4.2 File Body

Ein weiterer, optionaler Teil des File Body ist der Generic Container, auch Essence Container genannt. Er ist die Hülle für die eigentliche Essenz. Jede MXF-Datei kann beliebig viele (auch keinen) Generic Container enthalten. Innerhalb dieses Containers ist die Essenz in sogenannte Content Packages, von gleicher (zeitlicher) Länge, unterteilt.

Abbildung 3.5: Aufbau eines Content Package[29]

Ein Content Package besteht aus bis zu fünf Items, daß aus einen oder mehreren Elementen besteht:

- System Item: enthält Content Package bezogende Metadaten. Dies können Referenzen zur Erleichterung des Zurückspulens in Frame-wrapped Containern sein oder nur eine Identifikation des Content Packages

- Picture Item: enthält grafische Elemente

- Sound Item: enthält Tonelemente

- Data Item: enthält Elemente, die weder Bild- noch Tonelemente sind, wie z.B. Untertitel, Videotext u.ä.

- Compound Item: enthält Elemente, die sich auf Grund ihrer Mischung aus untrennbaren Bild-, Ton- und/oder Metadaten keinem anderen Item zuordnen lassen

In jedem Item können bis zu 127 KLV kodierte Elemente untergebracht werden.

---

[29]Quelle: Wells [30], S.35

Für die CPs gelten folgenden Richtlinien[30]:

- Jedes Element hat die selbe Länge.

- Ein Element definiert die grundlegende Zeitschiene (normalerweise das Bildmaterial)

- Die Dauer ist ein ganzzahliges Vielfaches der kleinsten Einheit des Elementes, dass die grundlegende Zeitschiene definiert. (z.B. bei einem Video ist die kleinste Einheit ein Bild, die Dauer könnte also 1000 mal ein Bild sein, bei einer Bildrate von 20 pro Sekunde wäre das 50 Sekunden).

- Nur bei Frame-based wrapping: Die Anzahl an Elementen ist konstant.

- Nur bei Frame-based wrapping: Die Anordnung der Elemente wird nicht geändert.

- Nur bei Frame-based wrapping: Zusammengehörige / Synchronisierte Elemente sollten in einem Content Package gruppiert sein.

Das Konzept der Content Packages bildet die Grundlage zur Streaming-Fähigkeit und bietet zwei grundlegende Möglichkeiten Bild, Ton und/oder sonstiges Material im Container unterzubringen.

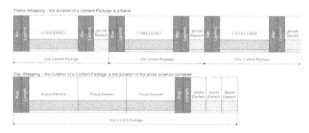

Abbildung 3.6: Prinzip des Frame Wrapping und des Clip Wrapping[31]

Die erste Möglichkeit ist das sogenannte Frame-Based Wrapping, d.h. das Material wird in einzelne, zeitlich gleichlange Elemente unterteilt und jeweils in einem Content Package abgelegt. In vielen Fällen hat das Content Package eine Länge von einem Video-Frame. Das heißt im Falle einer Video-Clips von 1 Minute mit einer Bildrate von 20 Bildern/s, dass ein entsprechender Generic Container 1200 Content Packages hat.

---

[30]Vgl. Wells [30], S. 120f
[31]Quelle: Wells [30], S.58

Die zweite Möglichkeit ist das sogenannte Clip-Based Wrapping. In diesem Falle hat das einzige Content Package dieselbe Dauer, wie die darin abgelegten Inhalte.

Der File Body kann Index Tables enthalten.

3.4.3 File Footer

Das entscheidende Element des File Footer ist das Random Index Pack oder RIP. Es ist nicht zwingend erforderlich, aber dringend empfohlen[32]. Das RIP dient als eine Art Inhaltsverzeichnis des File Body, in dem die Position der einzelnen Partitionen hinterlegt werden. Dies kann zum Beispiel genutzt werden um Partitionen zu finden, auf die in einer Index Table verwiesen wird.

Des Weiteren kann der File Footer optional auch eine Kopie der im Header hinterlegten Strukturellen Metadaten enthalten. Dies kann unter Anderem der Fehlerkontrolle dienen.

Schließlich kann der File Footer Index Tables enthalten.

---

[32]Vgl. Wells [30], S.362

4 General eXchange Format

Das General eXchange Format ist ein Format, dass von der Grass Valley Group entwickelt wurde. Es wird mit GXF standardmäßig abgekürzt und hat die Dateiendung GXF. Es wird dazu verwendet um Ton- und/oder Bild-Dateien zwischen Video File Servern zu übertragen. Dies kann auf unterschiedlichen Medien übertragen werden z.b.: Fibre Channel[1], Ethernet oder ATM.

Grass Valley wurde von Donald Hare im Jahre 1958 in Grass Valley, Kalifornien, gegründet. Es entwickelte Produkte für Film, Fernsehen, Übertragungstechnik und fürs digitale Kino. 1968 kam mit dem ersten Bildmischer der Durchbruch.

1974 schloss es sich mit Tektronix zusammen und war 15 Jahre lang international erfolgreich. Im Jahre 1999 entschloss Tektronix sich auf High End Messgeräte zu spezialisieren und verkaufte die Sparte Broadcast. Es entstand „Grass Valley Group".

Aufgrund von finanziellen Schwierigkeiten wurde im Jahre 2002 die Grass Valley Group von dem französischen Elektronik Konzern Thomson aufgekauft. Aus Grass Valley Group entstand die Tochtergesellschaft „Thomson Broadcast & Media Solution". Mit dem anschließenden Zukauf von Philips BTS ist Thomson Broadcast & Media Solution Marktführer in der Sparte Broadcast geworden.

September 2005 wurde jedoch das Unternehmen in Grass Valley zurück umbenannt.

Abbildung 4.1: Logo Grass Valley Group[2]

Grass Valley erkannte in den neunziger Jahren, dass der Vormarsch der Computer für die Broadcast Sparte viele Vorteile mit sich bringen könnte. Man hatte die

---

[1]Vgl. Schmidt [24], S.681ff
[2]Entnommen aus Los Angeles Final Cut Pro User Group(http://www.lafcpug.org)

Idee audio-visuelle Daten digital aufzuzeichnen, zu verarbeiten, zu bearbeiten und zu archivieren.

Dies hat gegenüber der analogen Aufzeichnung viele Vorteile. Benötigt werden keine großen Bänder auf denen die audio-visuellen Daten aufgenommen werden. Kleine Festplatten oder andere digitale Medien können verwendet werden, die anschließend die Daten zu den Servern übertragen, wo sie weiter verarbeitet werden.

Weitere Vorteile sind, dass man zur Weiterverarbeitung die analogen AV-Daten nicht in digitale AV-Daten umwandeln muss, wodurch kein Verlust bei der Umwandlung mehr entsteht.

Im Weiteren hat man bei dieser digitalen Verarbeitung gegenüber der Analogen den Vorteil, dass die digitalen Daten je nach Applikation besser verarbeitet und bearbeitet werden können. Die Verarbeitung der AV-Daten ist innerhalb der Dateien direkt an den gewünschten Stellen möglich. Es muss nicht zu der zu bearbeitenden Stelle vorgespult werden, wie es bei den analogen Magnetbändern der Fall ist[3].

Aufgrund von unterschiedlichen Berechnungen können nicht nur Helligkeit und Kontrast angepasst werden, sondern auch Farbe, Größe, Gestalt oder Aussehen.

Bei der digitalen Archivierung hat man gegenüber der analogen Archivierung den Vorteil, dass mit Hilfe von speziellen Kompressionsverfahren audio-visuelle Daten kleiner und effizienter abgespeichert werden können. Wenn Bänder zur Archivierung verwendet werden, können dadurch mehr Informationen auf ein und demselben Band abgespeichert werden.

Um die vielen Vorteile der digitalen Welt zu vereinen, braucht man ein Netzwerk in dem alle Daten digital übertragen, verarbeitet und abgespeichert werden. Grass Valley suchte dafür nach einer Shared Storage Lösung und entwickelte ein Real time Media Area Network. Abgekürzt MAN. In diesem sollen kompromisslos, qualitativ hochwertige, zuverlässige audio-visuelle Daten abgelegt, verarbeitet und archiviert werden[4]. Alles digital zu behandeln ist kein Problem. Jedoch gab es in den Anfängen der Neunziger viele unterschiedliche Lösungen Informationen digital zu verfassen, zu übertragen, zu bearbeiten und zu archivieren. Es gab aber keinen einheitlichen Standard der diese vielen unterschiedlichen Lösungen miteinander verbindet. Es gab für die Aufnahme je nach Hersteller unterschiedlichen magnetischen oder optischen Medien. Die Übertragung konnte

---

[3]Vgl. Baldock[4]
[4]Vgl. Hagedorn[11]

je nach Hersteller unterschiedlich sein. Per Satellit, per Ethernet oder durch einfache Weitergabe von Medien. Die Bearbeitung der audio-visuellen Daten vollzog sich je nach Betriebssystem und der dazugehöriger Software ebenfalls unterschiedlich.

Um die Interoperabilität zwischen den unterschiedlichen Lösungen zu gewährleisten wurde für den einfachen Austausch der audio-visuellen Daten das General eXchange Format entwickelt. Das GXF ist ein Containerformat, das auf jeglichen unterschiedlichen Geräten bekannt ist[5].

- Aufnahmegeräten

- Wiedergabegeräten

- allen Servern

- unterschiedlichen Betriebssystemen

- jeglicher Software

Das GXF ist das Bindeglied zwischen den unterschiedlichen Geräten.

Es kann unterschiedliche audio-visuelle Daten aufnehmen, unabhängig von ihrem Format und diese über Fibre Channel, Ethernet oder ATM an unterschiedliche Ort übertragen. So wie ein Container unterschiedliche Ware aufnehmen kann und mit Hilfe unterschiedlicher Transportmittel ans Ziel bringt, so funktioniert es auch mit den audio visuellen Dateien

Am Ziel wird der Inhalt ausgepackt und weiterverarbeitet[6]. Mit der Entwicklung des GXF Formats wurde ungefähr im Jahre 1996 begonnen. Viele Tests mussten durchgeführt werden und viele Erfahrungen mussten gesammelt werden bevor es 1999 zum ersten Mal veröffentlicht wurde.

Im Jahre 2001 wurde es von SMPTE mit dem Namen „SMPTE 360M" standardisiert[7].

SMTPE gleich Society of Motion Picture and Television Engineers ist ein internationaler Verband mit Sitz in White Plains, New York. Es ist im professionellen Film und Videotechnikbereich tätig und entwickelt seit 1916 dafür Normen und Standards[8].

---

[5]Vgl. Baldock[4], S. 1
[6]Vgl. Baldock[4], S. 2
[7]Vgl. Röder [20], S. 21
[8]Vgl. SMPTE (http://www.smpte.org/home)

4.1 GXF Eigenschaften

Das GXF Format bzw. SMPTE 360M besitzt mehrere Eigenschaften. Aufgrund dessen, das es ein Container Format ist, kann es wie schon erwähnt unterschiedliche AV-Formate aufnehmen. Es ist Format unabhängig.

Es kann z.b.: JPEG, DVCPRO und MPEG Formate aufnehmen[9]. JPEG ist ein verlustbehaftetes Bildkompressionsverfahren[10], das die Dateigröße der Bilder verkleinert indem es diese komprimiert und nach bestimmen Algorithmen, fürs Auge nicht gut sichtbare Bereiche löscht und durch benachbarte Pixel ersetzt.

DVCPRO und MPEG sind verlustbehaftete Videokompressionsverfahren und Audiokompressionsverfahren, die die Dateigröße von Filmen, wie JPEG, verkleinert.

Im Weiteren unterstützt es den Zeitstempel (eng. Timecode) LTC und VITC. Die Timecodes beinhalten Informationen zur Synchronisation von Bild (visuelle Daten) und Ton (Audio-Daten). Dadurch können die AV-Daten getrennt voneinander aufgenommen, behandelt und gespeichert werden. Es muss nicht mehr gleichzeitig aufgenommen werden. Bei der Wiedergabe werden diese zusammengeführt. LTC steht für Longitudinal Timecode und VITC steht für Vertical Interval Time Code. LTC und VITC werden bei der Aufzeichnung auf Bändern benutzt. LTC hat im Gegensatz zu VITC den Vorteil, dass es nachträglich aufgezeichnet werden kann. Dies kann VITC nicht. Das muss während der Aufzeichnung mit aufgezeichnet werden. LTC kann während eines schnellen Bandvorlaufs gelesen werden, VITC nicht. Der Vorteil von VITC dagegen ist, dass es bei langsamen Bandvorläufen und bei Stillstand ausgelesen werden[11].

Weiterhin kann es Metadaten aufnehmen[12]. Metadaten sind, kurz gesagt, Zusatzinformationen über andere Daten. Bei SMPTE 360M sind das Zusatzinformationen über die aufgenommenen AV-Daten.

Das GXF Format unterscheidet zwischen einfachen und zusammengesetzten Clips. Ein einfacher Clip ist eine Aufzeichnungseinheit, dass aus Audio-, Video- und Timecode-Daten besteht. Ein zusammengesetzter Clip besteht aus mehreren Aufzeichnungseinheiten. Der Unterschied zu einfachen Clips ist, dass es nicht mehrere Timecode Daten beinhaltet, sondern einen, die über alle einzelnen Aufzeichnungseinheiten geht[13].

---

[9]Vgl. Edge[9], S. 2
[10]Näheres in Kapitel 2.2.1
[11]Vgl. Baldock[4], S. 1; Vgl. IT-Lexikon [27]
[12]Näheres in Kapitel 2.2.5
[13]Vgl. Baldock[4], S. 1f

Aufgrund seiner Fähigkeit als Container zu fungieren kann es zudem mehrere
Video Tracks in einem Stream tragen. Eine weitere wichtige Eigenschaft von GXF
bzw. SMPTE 360M ist, das es ein Stream Format ist und somit time-multiplexed
bzw. interleaved fähig ist[14].

Die Daten können während der Übertragung direkt betrachtet und bearbeitet
werden, ohne dass komplette Datei-Volumen zu laden. Die AV-Daten können
direkt während der laufenden Aufzeichnung weiter versendet werden. Diese Fähigkeit wird bei Aufnahmegeräten verwendet, die keinen großen Speicher haben.
Dadurch sind die Geräte klein, preiswert und überall hin tragbar. Mit einer dazu passenden schnellen Übertragungstechnik kann von überall etwas aufgenommen werden und zur Zentrale geschickt werden. An dieser Stelle ist zu sagen,
dass durch diese Eigenschaft, SMPTE 360M starke Ausbreitung im Sport- und
Nachrichtenbereich gefunden hat[15].

Grund für die time-multiplexed Fähigkeit von SMPTE 360M ist, dass die AV-
Daten in kleine Aufzeichnungseinheiten abgespeichert werden. Ein kompletter
Film wird nicht als eine ganze Einheit abgespeichert, sondern in viele kleine Aufzeichnungseinheiten. Erst dadurch ist es möglich gleichzeitig aufzunehmen, zu
übertragen und anzuschauen, da jede kleine Aufzeichnungseinheit in sich abge-
schlossen ist und separat von jedem Gerät behandelt werden kann[16].

4.2 Datenstruktur

Wie ist das GXF bzw. SMPTE 360M aufgebaut? Was ist alles nötig um einen gan-
zen Film zum Beispiel, in kleine Stücke aufzuteilen, zu übertragen und auf der
Empfängerseite zusammenzusetzen? Und was ist nötig damit die Empfängerseite weiß um welches Format es sich handelt und oder in welcher Reihenfolge die
einzelnen Einheiten abgespielt werden sollen?

Um die Aufgabe als Container richtig erfüllen zu können, besteht das GXF Format aus fünf Hauptpakettypen.

Es besteht aus dem MAP Paket, aus dem FLT Paket, aus dem UMF Paket, aus dem
Media Paket und aus dem EOS Paket. So wie aufgezählt, so ist es auch aufgebaut.
Im Media Paket unterscheidet man zusätzlich drei Pakettypen. Das TC Paket, das
A Paket und das V Paket, die wiederum aus unterschiedlichen Pakettypen und

---

[14]Erläuterung in Wells [30], S.119
[15]Vgl. Baldock[4], S. 2
[16]Vgl. Baldock[4], S. 2

zwar aus einem Header und aus einem Payload bestehen. Alles zusammen ergibt
es einen Datenstrom. Dieser wird als Stream bezeichnet[17].

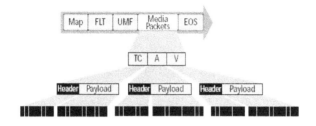

Abbildung 4.2: Datenstruktur GXF[18]

4.2.1 MAP

Das MAP Paket ist neben dem Media Paket eines der wichtigsten Pakete. Das
MAP Paket enthält wesentliche Informationen über die Dateien im anschließenden GXF Stream.

Das MAP Paket gibt Auskunft über die Größe des Streams. Es gibt Auskunft
über den jeweiligen Namen des einzelnen Datenstroms bzw. Segments. Wie eine Art Sequenznummer, damit die Empfängerseite weiß in welcher Reichenfolge
die Segmente abgespielt werden sollen. Zudem beinhaltet es den Filmnamen und
den Medientyp des tragenden Segments. Weiterhin definiert es die Speicherrei-
henfolge. Das heißt welcher Datenstrom wird vor welchem Datenstrom zuerst
abgespeichert.

Dann definiert jedes veränderte MAP Paket den Beginn eines neuen Segments.
Zur Sicherheit wird jedes MAP Paket alle 100 Pakete erneut geschickt, falls der
Empfänger den Beginn der Datenübertragung verpasst hat. Ist ein Segment übertragen, wird abschließend ein zusätzliches Abschluss MAP Paket versendet, dass
das Ende des Segments verkündet.

Für MPEG kann das MAP Paket zusätzliche Informationen beinhalten wie zum
Beispiel die Bitrate[19].

---

[17]Vgl. Baldock[4], S. 3
[18]Entnommen aus Baldock[4], S.3
[19]Vgl. Baldock[4], S. 3

4.2.2 FLT

Das FLT Paket beinhaltet die Field Locator Tabelle. Es wird nach dem ersten MAP Paket versendet und trägt die Information, welche Halbbilder in welchem Segment sind.

Wird jedoch etwas aufgenommen, dann kann kein FLT Paket generiert werden. Erst wenn die Aufnahme beendet ist, wird mit dem Abschluss MAP Paket ein FLT Paket verschickt. Grund dafür ist, weil man erst dann genau weiß, was in der Aufzeichnungseinheit enthalten ist.

Aufgrund dessen, dass das FLT Paket alle Informationen beinhaltet, welche Halbbilder in welchem Datenstrom sind, wird es dazu verwendet um einzelne Datenstücke aus dem Stream herauszulesen[20].

4.2.3 UMF

Das UMF Paket beinhaltet die Metadaten. Meta Daten sind Dateien, die Informationen, Beschreibungen über andere Dateien beinhalten. Das können sein, die Anzahl der Videohalbbilder, die Lage von Mark In und Mark Out Punkten, der Medientyp, die verwendete Abtastfrequenz, die Chroma Unterabtastung (4:2:2 oder 4:2:0), die Payload Beschreibungen, die Spuranzahl, die entsprechenden Offsets und Längen der Track-, Medien- und User Einträge, die Größe des gesamten UMF Pakets, die UMF Versionsnummer, die Materialbeschreibung indem Modifikationsdatum, die Zeilenzahl, Kompressionsart und der Modifikationsstatus steht. Weiterhin können Track Beschreibungen wie fortlaufende Nummer, beginnend mit dem Index Null, für alle enthaltenen Video-, Audio- und Timecode Spuren, mitgegeben werden und vieles mehr.

Metadaten geben einen schnellen Überblick von dem was in den AV-Daten enthalten ist und ermöglichen einen schnellen Zugriff darauf. Dies funktioniert ähnlich der Suche in einer Bibliothek. Die Metadaten eines Buches sind Titel, Autor, Auflage, die ISBN-Nummer, Lagerort und ermöglichen eine schnelle Auffindung[21].

---

[20]Vgl. Baldock[4], S. 3
[21]Vgl. Heyna [13], S.172

4.2.4 Media Packet

Das Media Paket beinhaltet die audio-visuellen Daten, also die Nutzdaten, die GXF vom Sender zum Empfänger transportieren soll. Man nennt die Nutzdaten auch Essenz.

Ein Media Paket besteht aus einem Header und aus einem Payload, dass die wahren audio-visuellen Daten trägt. Im Header, das aus einer 16 Byte großen Präambel besteht, befinden sich zusätzliche Informationen zum Payload. Diese dienen zur Identifikation der Nutzdaten.

Der Inhalt des Headers besteht aus den Informationen, Medientyp, Track Index, Halbbildnummer, Time line Halbbildnummer, Größe eines Videohalbbildes in Byte und die Anzahl gültiger Samples eines Audio und Time Code Pakets. Im Payload befinden sich entweder der Timecode-, die Audio- oder die Video-Daten. Müssen alle drei Inhaltstypen übertragen werden, wird immer zuerst das Paket mit dem Timecode verschickt, dann werden die Audio-Daten übertragen und zu allerletzt die Video-Daten. Grund dafür ist einfach, dass ein Video flüssig abgespielt werden soll. Würden die Time Code-Daten oder die Audio-Daten nicht vorliegen, müsste nachgeladen werden. Dies würde zu kurzfristigen Unterbrechungen führen.

Das Timecode Paket besteht aus 504 Samples und zwar nach dem SMPTE 12M Standard. Es hat eine Größe von 4112 Byte. Das Audio Paket besteht aus 32 768 PCM Samples. Die Abtastfrequenz ist 48 kHz mit einer 16 oder 24 Bit Auflösung. Das Video Paket beinhaltet die unterschiedlichen Videoformate wie zum Beispiel JPEG Halbbilder oder MPEG[22].

4.2.5 EOS

Das EOS Paket ist das letzte Paket im GXF Stream. Es steht für „End of Stream" und kündet das Ende des GXF Streams an. Es besteht einzig und allein aus einem Header in dem ein EOS Eintrag steht[23].

---

[22]Vgl. Heyna [13], S.171
[23]Vgl. Baldock[4], S. 3

4.3 Erweiterungen

Das GXF Format ist wie man sieht ein einfaches Format. In vielen Broadcast Bereichen ist es verbreitet. Es wurde mit Absicht von der Grass Valley Group so einfach gehalten, damit das Format nicht zu komplex wird und jegliche Erweiterung nicht zu viel kosten.

Einige Erweiterungen wurden jedoch trotzdem durchgeführt. Die da wären: Unterstützung des komprimierten und unkomprimierten 24 Bit Audio Formats (Dolby E und Dolby Digital) und die Unterstützung von HDTV (1080i und 720p), welches als MPEG2 MP@HL bekannt ist. Zudem kann es KLV kompatible Daten als User Metadaten übertragen.

An dieser Stelle ist aber wichtig zu sagen, dass das GXF Format nicht KLV kompatible ist, es kann nur wie gesagt KLV-kompatible Daten als User-Metadaten übertragen. Jegliche weitere Erweiterungen wurden in anderen Artverwandten GXF Formaten verwirklicht[24].

4.4 Verwendung

Das GXF Format hat rege Verbreitung gefunden. Bei MediaDVX und DubSat wird es standardmäßig verwendet. Bei Avalon und bei IBM wird es standardmäßig nur als Archiv Format verwendet. Zwischen Grass Valley Group, Leitch, Sony, SeaChange und Pinnacle wird es für einen regen Datenaustausch verwendet. Wobei Pinnacle sogar soweit geht, dass es das GXF Format für den Datenaustausch zwischen unterschiedlichen Geräten verwenden möchte. Das ist jedoch noch Zukunftsmusik[25].

---

[24]Vgl. Baldock[4], S. 4
[25]Vgl. Baldock[4], S. 5

5 Containerformate im Vergleich

Bisher wurde die Formate MXF und GXF vorgestellt. Um nun diese beiden Formate vergleichen zu können, ist es wichtig, die gleichen Maßstäbe zu setzen. Dabei soll ein kleiner Ausblick auf die Formate AAF[1] und ASF[2] den Vergleich abrunden.

5.1 Kriterien

Im Vergleich der einzelnen Container-Formate sind drei professionelle und ein semiprofessionelles Format. In diesem Kapitel werden die Formate auf fünf verschiedene Kriterien geprüft.

- Streaming-Fähigkeit

- Interoperabilität

- Metadaten

- Subformate

- Anwendungsgebiete

Als erstes gilt die Frage zu beantworten, ob das Format geeignet für Streaming[3] ist. Durch direkte Nutzung der Video-Daten verkürzt sich die Bearbeitungsdauer[4], da nicht bis auf das Ende des Datei-Downloads gewartet werden muss. Des Weiteren kann das Video-Material so auch ressourcenschonend publiziert werden. Dies spielt bei Echtzeit bzw. Live-Übertragungen eine wichtige Rolle.

Die Formate sind von verschiedenen Herstellern bzw. Gruppen erstellt worden. Die heutige digitale AV-Bearbeitung nutzt diverse Hard- und Software auf den unterschiedlichsten Plattformen. Um diesen Markt bedienen zu können ist die

---

[1]Abk. für Advanced Authoring Format
[2]Abk. für Advanced Streaming Format
[3]Engl. fliessend; während der Übertragung ist der Inhalt nutzbar
[4]Vgl. Schmidt [24], S.685

Frage der Nutzung in heterogen Umgebungen essentiell. Dabei ist zu beachten, dass die Formate auf verschiedene Plattformen, wie auch mit verschiedener Software verarbeitet werden kann. Ausprägung der Offenlegung des Dateiformates ist daher unumgänglich[5].

Wie im Kapitel 2.2.5 dargestellt, sind Metadaten ein wichtiges Attribut bei der Zusammenstellung der eigentlichen Daten. Je genauer die Metadaten sind desto leichter und somit schneller, lassen sich die Daten organisieren. Eine Filmsequenz kann dem Drehort genau zugeordnet werden, oder der bestimmte Kameratyp mit der Firmware XY braucht die Farbtabelle Z. Diese zusätzliche Daten, welche die Essenzen beschreiben, stellen eines der Kernkriterien in diesem Vergleich dar.

Was wäre ein Containerformat, wenn es nicht verschiedene Subformate beherbergen kann. Dieser Abschnitt zeigt einen Ausschnitt, welche Dateiformate gespeichert werden können. Zusätzliche Besonderheiten zu diesen werden ebenfalls hier mit aufgeführt.

Zuletzt wird noch das Anwendungsfeld aufgeführt. Jedes Dateiformat hat seine besonderen Stärken und Schwächen. Diese sind jedoch auf die jeweiligen Spezialgebiete optimiert.

5.2 Advanced Authoring Format

Im Januar 2000 wurde die „Advanced Authoring Format Association" [6] (AAF A) gegründet. Sie wurde als unabhängige, nicht gewinnorientierte Organisation ins Leben gerufen, deren Aufgabe es ist, die Entwicklung und Einführung des AAF als offenen Standard voran zu treiben. AAF wurde bisher nicht als Standard verabschiedet.

Die Association bestand zur Gründungszeit aus Mitgliedern von Rundfunkanstalten und Produktionsfirmen (wie z. B. der British Broadcasting Corporation, Cable News network, Turner Entertainment Networks, Four Media Company und der United States National Imaging and Mapping Angency) und Herstellern von Produkten aus der Medieninformatik (wie z. B. Avid, Discreet, Matrox, Microsoft, Pinnacle, Quantel und Sony). Die Association ist entsprechend Ihrer Richtlinien jedem zugänglich. Eine Liste der aktuellen Mitglieder kann unter

---

[5]Mit Ausnahme des aufwendigen Reverse Engeerings
[6]http://www.aafassociation.org

der Internetadresse www.aafassociation.org/html/Memberlist.html eingesehen
werden.

Das AAF ist ein Mediencontainer, mit dessen Hilfe man Metadaten, Essenz und
ggf. Effektbeschreibungen in einem unabhängigen Format zusammenführen kann.
Auf diese Weise können z. B. Schnittfassungen von einem System zu Anderen be-
wegt werden.

Im Folgenden wird das AAF auf die vorgenannten Kriterien beleuchtet:

5.2.0.1 Streamingfähigkeit

Grundsätzlich ist das AAF nicht für Streaming konzipiert worden. Die Daten eines AAF Containers sind nicht gerendert, d. h. er enthält sämtliche Informationen
und die Quelldaten. Das Rendering (d.h. die Berechnung zum Endprodukt) findet erst nach dem Download statt. Dennoch ist es theoretisch möglich bei einzelnen Dateien den Header mit seinen Metadaten zu entfernen und die gerenderte
Teil-Datei vor dem finalen Rendering auszugeben. Dies findet in der Praxis jedoch so gut wie keine Anwendung.

Um Streaming zu realisieren werden andere Datenformate, wie z. B. der MPEG-
2-Transport-Strom, QuickTime, ASF (siehe 5.5), GXF (siehe 5.3) oder MXF (siehe
5.4) eingesetzt[7].

5.2.0.2 Interoperabilität

Die Offenheit des AAF ist eines der übergeordneten Ziele der AAF A. Auf Basis
des Open Media Framework (OMF) wurde ein Verfahren entwickelt, mit dessen
Hilfe digitale Daten einer nicht-linearen Postproduktion plattformübergreifend
und unabhängig der verwendeten Dateiformate ausgetauscht werden können.

Das AAF beschreibt die verwendeten Inhalte, deren Zusammenstellung, Bild-
und Tonmanipulationen, Effekte sowie Interaktionspotenziale.

Auf diese Weise kann mit unterschiedlichen Programmen und von verschiedenen Schnittsystemen gleichzeitig an demselben Projekt gearbeitet werden, ohne
dazwischen die Daten nötigerweise zu rendern (d.h. als Endprodukt zu berech-
nen), bzw. als File ausgeben zu müssen[8].

---

[7]Vgl. Heyna [13], S. 162
[8]Vgl. Heyna [13], S. 157f

OMF wurde jedoch entgegen der Erwartung der AAF A nie durch ein Standardi-sierungsgremium (wie z. B. SMPTE oder AES) verabschiedeter offener Standard. Die wesentliche Komponente, das Container-Format ist sogar als intellektuelles Eigentum der Fa. Apple rechtlich geschützt. Dieser Umstand führt dazu, dass nur wenige andere Anwendungen das Format überhaupt unterstützen. Das ur-sprüngliche Ziel der Interoperabilität ist dadurch nie realisiert worden[9].

5.2.0.3 Metadaten

Der Aufbau einer AAF-Datei besteht immer aus einem strukturierten Container für Essenz und Metadaten. Wobei die Besonderheit beim AAF ist, dass die Ver-änderungen an den Rohdaten lediglich simuliert werden und nur die Metadaten manipuliert werden. Der Vorteil dieser Vorgehensweise ist, dass die Rohdaten auch mit ihren eigenen Metadaten immer vorrätig bleiben und deren Inhalt zu jedem Zeitpunkt in Rohfassung vorliegt. Darüber hinaus ist es möglich sämtli-che Arbeitsschritte an einem AAF-File in den Metadaten zu dokumentieren. Auf diese Weise kann laut AAF A jederzeit das ursprüngliche Datenmaterial rekon-struiert werden[10].

Der Container baut auf einem objektorientierten Modell auf. Ähnlich wie bei objektorientierter Programmierung (z. B. in Java) gehört ein Objekt immer ei-ner Klasse an und erfährt durch die Klassenzugehörigkeit bestimmte Eigenschaf-ten. Die Klassen sind hierarchisch aufgebaut, wobei Sub-Klassen die Eigenschaf-ten ihrer Super-Klasse annehmen. Der Vorteil dieses Modells ist die einfache Er-weiterbarkeit durch neue Objekte und Klassen.

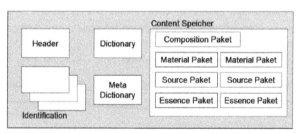

Abbildung 5.1: Wichtige Objekte in einem AAF-File[11]

Im File Header werden alle für die gesamte Datei nötigten Metadaten vorge-halten. Dies sind unter Anderem der Zeitpunkt der Erstellung, bzw. letztmali-

---

[9]Vgl. Heyna [13], S. 173
[10]Vgl. Kunze [17]
[11]Angelehnt an Heyna [13], S.159

gen Modifizierung der Datei und die AAF Versionsnummer. Dem File Header untergeordnet sind die Identifikationsobjekte. Darin befinden sich Verweise auf Anwendungen, durch die das File bereits bearbeitet wurde. In den Dictionaries liegen für die Datei benötigte Definitionen über z. B. Effekte und Überblendungen.

Im Content Speicher sind alle Objekte untergeordnet, die Essenz beschreibende Daten oder die Essenz selbst beinhalten. Diese Informationen liegen in Metadaten Paketen. Die wichtigsten seien an dieser Stelle kurz erläutert:

- Das Physical-Source-Paket beschreibt das analoge Medium, welches zur Digitalisierung der Daten genutzt wurde.

- Dem übergeordnet ist das File-Source-Paket. Es beschreibt die digitale Essenz, deren Format und Codec, ggf. eine Samplerrate, Pixelzahl und einen Verweis auf die Quelldatei, die nicht zwingend in dem AAF-File liegen muss. Problematisch gestaltet sich die Integration externer Daten da das AAF-File diese nicht verwaltet allerdings wenn z.B. deren Pfad oder Name geändert wird.

- Das hierarchisch höchstliegende Paket im Content Speicher ist das Composition Paket. Es vereint sämtliche Informationen über den Schnitt und das Composing der Daten in sich.

- Im Material-Paket dient als Schnittstelle zwischen der Composition und dem File-Source-Paket. Hier liegen Informationen bezüglich unterschiedlicher Bildauflösungen verschiedener Essenz, aber auch Effekte, die sich auf das gesamte Ergebnis auswirken, z. B. Farbkorrekturen. Die Synchronisation von Bild und Ton wird auch im Material-Paket verankert.

Standardeffekte und die wichtigsten Audio-Manipulationen sind bereits im AAF implementiert. Um weitere Effekte oder Codecs speichern zu können besteht die Möglichkeit über ein Plug-In-Modell diese zur Verfügung zu stellen. Der neue Effekt bekommt einen Namen sowie eine Beschreibung welche Voraussetzungen das Plug-In benötigt, bzw. mit welcher Software der Effekt realisiert werden kann. In den Metadaten müssen dann alle Parameter hinterlegt sein. Wenn ein AAF-File geöffnet wird erfährt die Anwendung sofort, ob sie die nötigen Plug Ins besitzt, bzw. wo sie im anderen Fall zum Download bereitstehen[12].

Abschließend lässt sich feststellen, dass die Metadaten das AAF ausmachen. Jede Manipulation von Daten findet nur an den Metadaten statt. Die Ursprungsda-

---

[12]Vgl. AAFA [2]

ten bleiben immer in ihrem Rohzustand vorhanden. Über diese Eigenschaft kann auch die Historie einer Datei bis zur Aufnahme zurückverfolgt werden.

5.2.0.4 Subformate

Als Essenz für das AAF kommen Video, Audio, Bilder und Grafiken, sowie Text oder MIDI und Animationsdateien in Frage[13]. Die Essenz kann dabei auch in einem proprietären Format vorliegen und muss nicht zwingend in der AAF-Datei gespeichert sein in der sich das aktuelle Compositing[14] befindet. Sie kann also für beliebige andere Projekte ebenfalls in Gebrauch stehen.

Da das AAF objektorientiert aufgebaut ist und über ein Plug-In-Modell verfügt bestehen theoretisch keine Einschränkungen bezüglich Manipulation der Essenz.

5.2.0.5 Anwendungsgebiete (Stärken und Schwächen von AAF)

Zunächst noch mal einige Eingenschaften des AAF

- Das AAF ist für ein Post-Production Environment ausgelegt[15].

- Es bietet keine Streamingfähigkeit.

- Über den Aufbau und Funktionalität von AAF lässt sich der Werdegang eines Endproduktes zurück bis zu den ursprünglichen Rohdaten zurückverfolgen.

- Diese Rohdaten liegen zu jeder Zeit im Original vor.

Aus diesen Fakten lässt sich ableiten, dass das AAF sich besonders für die dezentrale Postproduktion im Medienbereich eignet. Sinn ist ein Einsatz um den Austausch von Dateien in multimedialen Projekten zu unterstützen. Die Dateien lassen sich manipulieren ohne sie rendern zu müssen. Sie können zeitgleich von verschiedenen Schnittsystemen an verschiedenen Stellen innerhalb der Datei manipuliert werden. Die Essenz kann dabei zentral vorgehalten werden und von den einzelnen Projekten bei Bedarf geladen werden.

Der große Nachteil ist der Mangel an Streamingfähigkeit. Um sich das Endprodukt anzusehen muss die gesamte AAF-Datei nebst aller externen Daten vorliegen. Darüber hinaus ist das AAF nie als Standard verabschiedet worden.

---

[13]Vgl. Kunze [17]
[14]Engl. für Zusammensetzung
[15]Vgl. AAFA [2]

5.3 General eXchange Format

Das General eXchange Format wurde von der Grass Valley Group entwickelt und im Jahre 1999 als Container Format für Audio-, Video- und Bilddaten veröffentlicht. Aufgrund reger Verbreitung wurde es im Jahre 2001 als SMPTE 360M von SMPTE standardisiert.

5.3.0.6 Streamingfähigkeit

Das General eXchange Format ist Streaming fähig. Audio visuelle Daten können beim Empfang abgespielt, bearbeitet und oder weitergeleitet werden. Das GXF erlangt die Streamingfähigkeit durch die Zerlegung des kompletten audio visuellen Materials in kleine Segmente, die beim Empfänger einzeln behandelt, zusammengesetzt und abgespielt werden können.

5.3.0.7 Interoperabilität

Im Jahre 2001 wurde GXF von SMPTE als SMPTE 360M standardisiert. Grund dafür war die rege Verbreitung. Das GXF Format ist bei den Aufnahmegeräten, Übertragungsgeräten als auch Bearbeitungsgeräten bekannt und integriert.

5.3.0.8 Metadaten

Metadaten sind Beschreibungsinformationen über andere Daten. In GXF stecken die Metadaten in dem UMF Paket. GXF besitzt eine große Bibliothek aus der je nach Bedarf unterschiedliche Metadaten in das UMF Paket eingefügt werden können.

5.3.0.9 Subformate

Das GXF Format fand rege Verbreitung. Grund dafür ist die Einfachheit. Grass Valley war sehr darauf bedacht das GXF einfach zu halten, damit es eine schnelle Verbreitung findet und damit keine hohen Kosten entstehen, die jede Erweiterung mit sich bringt. Jedoch konnten einige Erweiterungen nicht vermieden werden. Wie zum Beispiel Integration von MPEG, JPEG, MPEG MP@HL, Dolby E und Dolby Digital. Jegliche Erweiterung wurde aber unter dem Namen GXF weitergeführt.

5.3.0.10 Anwendungsgebiete

Aufgrund der Einfachheit des GXFs wir es überwiegend für die Archivierung und für die Übertragung unterschiedlicher audio visueller Daten verwendet. Sehr stark findet man das GXF im Sport- und Nachrichtenbereich.

5.4 Material eXchange Format

5.4.0.11 Streamingfähigkeit

Das MFX-Format ist auf Streamingfähig ausgelegt. Es ist dabei zu beachten, daß es Variationen im Aufbau gibt, die nur für File Transfer und nicht für Streaming Transfer geeignet sind. Die Umsetzung der Streamingfähigkeit geschied durch die Konzepte der Partitionen, der Content Packages und der Index Tables.
Beim MXF-Format gibt es dabei noch eine Besonderheit, da es ‚push‘ und ‚pull‘ Streaming unterstützt.

push-streaming ist ein, für den Empfänger, passives Streamingverfahren, d.h. der Stream wird über ein geeignetes Medium (z.B. Satellit oder Kabel) verbreitet und vom Empfänger (z.B. einer Decoder-Box) verarbeitet. Dies kann u.A. zum Senden von TV-Programmen genutzt werden.

pull-streaming wird im Bereich der Bearbeitung eingesetzt. Dabei können ganz spezifische Sequezen des Material innerhalb eines Netzwerkes, mit bidirektionalem Datenaustausch, angefordert und bearbeitet werden. Diese wird über die Header-Metadaten verwirklicht.
Beispiel: In der Bearbeitung einer Magazin-Sendung kann der Toningengieur die Tonspur bearbeiten und parallel wird das Videomaterial angepasst. Der Datenfluß innerhalb des Netzwerkes wird minimiert, in dem die jeweilige bearbeitende Stelle immer nur das Material anfordert, dass es benötigt.

5.4.0.12 Interoperabilität

Eine grundlegende Anforderung bei der Entwicklung der MXF-Formates war die Möglichkeit Daten verschiedener Systeme abzugleichen bzw. Informationen zugänglich zu machen. Hier gibt es zwei unterschiedliche Aspekte zu beachten:

Aspekt 1: Das MXF-Format ist offenes Dateiformat, darauf ausgelegt um die zukünftigen Anforderungen von Benutzern und Datenformaten erweitert zu werden. Es gibt keine lizenzrechtlichen Probleme und das Format ist als internationaler Standart bei der International Organization for Standardization (ISO)[16] vorgeschlagen.

Aspekt 2: Das MXF-Format ist darauf ausgelegt Metadaten, sowohl strukturelle als auch deskriptive, auch Applikationen zur Verfügung zu stellen, die das Format nicht oder nur in spezifischen Variationen beherrschen. Hieraus ergibt sich das Potential das Material, sowohl aus technischer Sicht, durch die Applikation, als auch durch den Menschen, zu beurteilen und über eine weitere Vorgehensweise zu entscheiden.

5.4.0.13 Metadaten

Das strukturelle Metadatenmodell des MXF-Formates ist eine Untermenge des AAF-Metadatenmodelles. Es wird dabei auf Daten zu Effekten und Übergängen verzichtet, so dass nur harte Übergänge im MXF-Format möglich sind. Hintergrund für diese Entscheidung der entwickelnden Task Force war es die Streaming-Fähigkeit auf Grund zu großer Metadaten-Komplexität nicht zu beschränken und die Metadaten auch für andere Systeme zugänglich zu machen.

Alle technisch wichtigen und notwendigen Metadaten sind im Datenmodell implementiert und können auch bei Bedarf erweitert werden.

Deskriptive Metadatenstrukturen unterliegen praktisch keinen Begrenzungen.

5.4.0.14 Subformate

Das MXF-Format unterliegt grundsätzlich keinerlei Einschränkungen bezüglich der Implementierung bestimmter Essenzen. Auf Grund der ursprünglichen Anforderung zukunftsweisend zu sein ist es explizit auf Erweiterung ausgelegt. Zum heutigen Tage sind 11 Spezifizierungen zur Implementierung dokumentiert.

Die Dateiformate sind: MPEG Streams, AES3 Streams and Broadcast Wave Audio, DV-DIF Data, Uncompressed Pictures, SDTI-CP Essence, Type D-10 Essence Data, D-11 Essence Data, A-law Coded Audio, JPEG 2000 Codestreams, VBI Lines and Ancillary Data Packets, MPEG Long GOP, AVC Streams.

---

[16]internationale Entsprechung der DIN

5.4.0.15 Anwendungsgebiete

Das MXF-Format ist für die gesamte Breite der Produktion geeignet, also für Produktion, Postproduktion und Distribution. Allerdings hat das MXF-Format in der Postproduktion einige Schwächen im Bereich der Übergänge und der Effekte. Aus diesem Grund wird hier das AAF-Format bevorzugt.

Einige Beispiele für die Anwendung der MXF-Formates:

- Ersatz- und Archivierungsformat für MAZ-Technologie (OP1a)

- Speicherformat für Aufnahmegeräte (OP1a)

- Distribution von mehrsprachigen und multiversionalen Produktionen

- Austauchformat in Verbindung mit Spezialformaten wie AAF und GXF[17]

- Automatisierung von Distributionen[18]

5.5 Advanced Streaming Format

Das Advanced Streaming Format ist am 26. Februar 1998 durch die Firmen Microsoft und Real Networks vorgestellt worden. Die Dateiendung lautet ASF. Das Dateiformat wurde 1997 durch Mircosoft patentiert[19]. Die Patentierung läuft auf den vorherigen Namen Active Streaming Format und ist betitelt mit „Active stream format for holding multiple media streams".

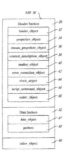

Abbildung 5.2: Schematischer Aufbau einer ASF-Datei[20]

---

[17]Vgl. Schnoell [25], S. 256
[18]Vgl. Röder [21], S. 27
[19]Siehe http://www.uspto.gov/ Patent-No.:6,041,345
[20]Entnommen aus dem US. Patent and Trademark Office;Patent-No.:6,041,345; Stand:29.12.2007

Nach der gemeinsamen Veröffentlichung mit Real Networks hat Microsoft einige Jahre später das Format unbenannt nach Advanced Systems Format. ASF ist ein Teil des Windows Media Framework.

5.5.0.16 Subformate

Das Dateiformat ASF eignet sich zur Aufnahme von verschiedenen AV-Formaten und Kodierungen. ASF vereint verschiedene Audio- und Videoströme mit jeweils unterschiedlichen Codecs. Verschiedene Codecs behindern jedoch das Abspielen auf dem Zielsystem, da diese dort auch vorhanden sein müssen. Wenn eine ASF-Datei nur Audio-Daten beinhaltet, kann es auch die Endung WMA für Windows Media Audio tragen. Analog gilt dieses für Videodaten mit der Endung WMV für Windows Media Video. Mit Windows Media 9 wird auch High-Definition Video und 5.1 Surround Sound unterstützt[21].

5.5.0.17 Streamingfähigkeit

Mit der Erstentwicklung von Netmeeting und der Zusammenarbeit mit Real Networks zeichnet sich heraus, das die Daten genutzt werden sollen, bevor sie vollständig bei der Senke angekommen sind. ASF unterstützt diese Eigenschaft. Beispielsweise wird durch Adaption einer Audio- in eine ASF-Datei diese streamingfähig in eigenständige Datenpakete. Um ASF über das Internet streamen zu können, benötigt man einen speziellen Streamingserver von Microsoft und einen Webserver für Metadaten. Die dazugehörige Software ist der Internet Information Server (IIS) und der Windows Media Server.

```
1 <asx version="3.0">
2     <entry>
3         <title>Suara Welitoff - Be the Boy</title>
4         <copyright>2007 </copyright>
5         <author>Massachusetts Cultural Council (encoded by
            StreamingCulture)</author>
6         <ref href="mms://wm.media.streamingculture.org/mcc
            -1584-56.wmv" />
7         <moreinfo href="http://www.streamingculture.org" />
8     </entry>
9 </asx>
```

Abbildung 5.3: Beispiel ASX-Datei[22]

---

[21]Vgl: Schmidt [24], S.697
[22]Entnommen aus www.streamingculture.org

In einer zusätzlichen ASX-Datei ist eine kurze Quellenangabe, als auch die eigentliche Video-Datei(ASF) referenziert. Wie in Zeile sechs des XML-Schemas[23] in Abb. 5.3 zu sehen, wird als Transportprotokoll MMS genutzt. MMS steht für Microsoft Media Server und kann TCP/IP[24] oder UDP/IP als Netzwerkprotokoll nutzen[25].

Abbildung 5.4: Streamingablauf mittels MMS-Protokoll[26]

5.5.0.18 Interoperabilität

Das Format ASF ist, wie oben beschrieben, durch ein Patent geschützt. Dies hat zur Folge, dass jeder, der dieses proprietäre Format nutzen möchte, diese bei Microsoft lizensieren muss. Zur Erzeugung können nur Microsoft lizensierte Produkte genutzt werden. Ebenso auch das Abspielen ist nur mit lizensierten Programmen nach der Lizenzvereinbarung gültig.

Der Windows Media Player ist eines der Produkte, die das Format abspielen kann unter Microsoft Windows. In der OpenSource Gemeinschaft gibt es einige Programme (u.a. VLC) auch für andere Plattformen als Windows, welche ASF-Datenströme abspielen können. Microsoft nutzte im Fall VirtualDub seine Lizenzrechte um die Unterstützung von ASF in VirtualDub zu unterbinden[27]. Den Windows Media Player gibt es unter[28] für Mac OS X.

---

[23]XML steht für Extensible Markup Language und bedeutet strukturierte Darstellung von Daten
[24]Steht für Transmission Control Protocol / Internet Protocol, Näheres in [12], S.610ff
[25]Vor- und Nachteile von UDP und TCP sind in [12] auf S.620 näher aufgezeigt
[26]Angelehnt an Badach [3], S.283
[27]Vgl. Schmid [22]
[28]http://www.microsoft.com/mac/otherproducts/otherproducts.aspx?pid=windowsmedia

5.5.0.19 Metadaten

Das Advanced Streaming Format erlaubt eine feste Anzahl von Metadaten. Die meisten zusätzlichen Angaben sind Datenstrom-, und Sprachneutral. D.h. das diese Informationen sich nicht auf eine einzelne Essenz oder bestimmte Sprache richten. Zu diesen neutralen Metadaten gehören:

• Content Description Object

• Extended Content Description Object

• Content Branding Object

Weitere Metadaten können abgelegt werden in Metadata Object und Metadata Library Object. Folgende Attribute sind innerhalb der Datei dem Feld 'Content Description Object' zuzuordnen:

• Title

• Author

• Copyright

• Description

• Rating

Die Länge ist auf 65535 Bytes begrenzt[29].

5.5.0.20 Anwendungsgebiet

Das Advanced Streaming Format dominiert im stark umkämpften Internetmarkt[30]. ASF wird heute vielfach im professionellen Bereich der Kurzvideos, sowie der Live-Übertragungen im Internet eingesetzt. ASF zeichnet sich durch den geringen Overhead aus und ermöglicht so auch eine Übertragung über einen Nicht-Breitband-Anschluß. Durch die Segmentierung in Datenpakete mit jeweiligen Zeitstempel kann der Inhalt bei der Senke synchron zusammengesetzt werden. Die Wiedergabequalität wird dabei bestimmt von der gewählten Kompressionsfaktor.

---

[29]Entnommen aus Microsoft [18]
[30]Vgl. Altendorfer / Hilmer[1],S.415

5.6 Gegenüberstellung

Kriterium	AAF	GXF	MXF	ASF
Streamingfähigkeit	Nein, zu komplex	Ja	Ja; auch nicht streamingfähig anlegbar	Ja
Interoperabilität	Ja	Ja	Ja	bedingt
Metadaten	Beschreibung kompletter Schnittfunktionen	im Userdaten-Bereich	unbeschränkte Komplexität	eingeschränkt
Essenz-Arten	A,V,B,C,U	A,V,E,C,U	A,V,B,C,U	A,V,C
Anwendungsbereich	Postproduktion	Übertragung kompletter Programmteile	Übertragung kompletter Programmteile; Austauschformat zw. spezialisierten Dateiformaten (AAF,DPX,GXF)	Übertragung kompletter Programmteile
Stärken	Rohdaten liegen immer im Original vor; Postproduktionsumgebung	einfache Struktur	Universell	Geringer Overhead; leichte Implementierung
Schwächen	Kein Standard; keine Streaming-Eigenschaft vorhanden	keine Weiterentwicklung; neuere Dateiformate werden nicht unterstützt	nur harte Übergänge und begrenzte Effekt	lizensierte Abspielsoftware auf nicht Windows-Plattformen

Tabelle 5.1: Vergleich

A = Audio; V = Video; B = Bilder; C=Komprimiert; U=Unkomprimiert

6 Fazit

In der heutigen Zeit wächst der Anspruch nach Datenformaten, die sich über die Grenzen proprietärer Systeme hinwegsetzen. Nach standardisierten Formaten, die plattform- und inhaltunabhängig eingesetzt werden können um Medieninhalte unkompliziert und schnell übertragen und nicht zuletzt auch vermarkten zu können. Diesen Fähigkeiten ist es zu verdanken, wenn sich den Beteiligten entlang der gesamten Wertschöpfungskette der Medien-Branche in fast allen Bereichen Potenziale zur Kostenreduzierung, zur Zeitersparnis und dadurch auch zur Qualitätssteigerung ergeben.

Fasst man nun die Argumente zusammen, wird deutlich, dass es in erster Linie darum geht Insellösungen zu vermeiden. Es erscheint sinnvoll eine gemeinsame Lösung zu schaffen, von der alle Unternehmen der Medienbranche profitieren können. In diesem Zusammenhang sind Eigenschaften, wie Offenheit im Sinne einer Standardisierung, die Streaming-Fähigkeit und die Möglichkeit flexibel für Schnittsysteme in der Postproduktion zur Verfügung zu stehen unabdingbar.

Das Advanced Streaming Format scheitert an der Stelle bereits an der Tatsache, dass das Format von der Firma Microsoft patentiert ist. Obwohl es sich im Internetsektor großer Beliebtheit erfreut erscheint ein Einsatz im professionellen Bereich aus diesem Grund eher unwahrscheinlich.

Das Advanced Authoring Format erfüllt die oben genannten Eigenschaften, daher ist es als Austauschformat im Bereich der Postproduktion sehr verbreitet. Es wurde allerdings nie zum Industriestandard erhoben. Darüber hinaus basiert es auf dem Open Media Framework, dessen Container-Format geistiges Eigentum der Firma Apple ist.

Das große Manko des General Exchange Format ist der Umstand, dass es nicht weiterentwickelt wird. Zukünftige Dateiformate und Technologien werden folglich nicht mehr unterstützt.

Das Material Exchange Format erfüllt die geforderten Eigenschaften. Hier sind Besonders die Anpassungs- und Erweitungsmöglichkeiten beziehungsweise die

Flexibilität der Komplexität, durch die Operational Pattern, herauszustellen. Lediglich einige Effekte können in den Metadaten nicht abgebildet werden, so daß das AAF-Format bei speziellen Anforderungen in der Postproduktion vorzuziehen ist. Darüber hinaus ist es als Standard bei der International Organization for Standardization (ISO) vorgeschlagen.

Insofern ist das Format MXF am ehesten geeignet künftig als Standard-Format im Bereich der professionellen Video-Ausstrahlung, sowie der Bearbeitung zu dienen.

Literatur- und Quellenverzeichnis

[1] ALTENDORFER ; HILMER ; LUDWIG, Otto Altendorfer /. (Hrsg.): *Medienmanagement Band 4: Gesellschaft - Moderation & Präsentation - Medientechnik.* VS Verlag, 2006

[2] ASSOCIATION, Advanced Authoring F.: AAF Specification Version 1.0 DR4. (2000). http://www.aafassociation.org. – Zugriff am: 28.12.2007

[3] BADACH ; RIEGER ; SCHMAUCH: *Web-Technologien.* CARL HANSER VERLAG, 2004. – 427 S.

[4] BALDOCK, Ray: Enabling Network Interoperability Between Video File Servers. (2001). www.grassvalley.com/wp/Baldock/SMPTE_360M_GXF/2WW-9425.pdf. – Zugriff am: 03.01.2008

[5] BARNERT ; BOECKH ; DELBRÜCK ; GREULICH ; HEINISCH ; KARCHER ; LIENHART ; RADONS ; VOETS ; WALLENWEIN: *Fachlexikon Computer.* Brockhaus, 2003

[6] BODEMANN, Juliane: Postproduktion - eine Frankfurter Erfolgsgeschichte. In: *IHK WirtschaftsForum* (2006), 8. – Zugriff am: 30.12.2007

[7] BRUNS, Kai ; MEYER-WEGENER, Klaus: *Taschenbuch der Medieninformatik.* Fachbuchverlag Leipzig, 2005. – 517 S. http://www.informatik.htw-dresden.de/~bruns/taschenbuch

[8] DEVLIN, Bruce: MXF - the Material eXchange Format. Version: 2002. http://www.ebu.ch/trev_291-devlin.pdf. 2002. – Forschungsbericht. – Zugriff am: 09.11.2007

[9] EDGE, Bob: GXF - the General eXchange Format. Version: 2002. http://www.ebu.ch/trev_291-edge.pdf. 2002. – Forschungsbericht. – Zugriff am: 09.11.2007

[10] FRANCK, Georg: Zur Ökonomie der Aufmerksamkeit. (1998). http://www.heise.de/tp/r4/artikel/6/6313/1.html. – Zugriff am: 11.11.2007

[11] HAGEDORN, Günter: Grass Valley Group präsentiert Shared-Storage-Lösung. (2001). http://www.digitalproduction.com/dp/news_detail.asp?ID=860&NS=1. – Zugriff am: 03.01.2008

[12] HANSEN ; NEUMANN: *Wirtschaftsinformatik 2*. 9. Lucius & Lucius Verlagsgesellschaft, 2005. – 924 S.

[13] HEYNA, Arne: *Datenformate im Medienbereich*. Fachbuchverlag Leipzig, 2003. – 252 S.

[14] HÖNTSCH, Ingo: MXF - Fileformat für die Fernsehproduktion. (2004). – Zugriff am: 17.11.2007

[15] HOLZINGER, Andreas: *Basiswissen Multimedia*. Bd. Band 1. Vogel Fachbuch, 2000. – 284 S.

[16] KÜCKES, Ansgar: Sprachportale - Grundlagen und Anwendungen / Telekom WissenHeute. 2007. – Forschungsbericht

[17] KUNZE, Benjamin: Erstellung von Metadaten mittels Autorentools im Bereich Multimedia / Universität München: Institut für Informatik und Medieninformatik. 2006. – Forschungsbericht. – Zugriff am: 28.12.2007

[18] MICROSOFT: Advanced Systems Format (ASF) Specification. Version: Dezember 2004. http://go.microsoft.com/fwlink/?LinkId=31334. 2004 (Revision 01.20.03). – Forschungsbericht. – Zugriff am: 19.12.2007

[19] NOWAK, Arne ; RÖDER, Jan: Möglichkeiten des MXF-Formates bei der parallelen Produktion für verschiedene Produktionskanäle mit Virtual Set Systemen / TU Illmenau, Institut für Medientechnik, FG Audiovisuelle Technik. 2005. – Forschungsbericht

[20] RÖDER, Jan: Über die Rolle von Austauschformaten in der IT-basierten Fernsehproduktion oder MXF - Why should I care? Version: 10 2005. http://oma.e-technik.tu-ilmenau.de/mediaevent/Scripte/051025_FKTG_Regional_ir.pdf. 2005. – Forschungsbericht. – Zugriff am: 09.11.2007

[21] RÖDER, Jan: Das Material Exchange Format (MXF) im netzwerkbasierten TV-Studio. (2007). – Zugriff am: 17.11.2007

[22] SCHMID, Herbert: Open-Source-Videosoftware nur ohne Microsoft-Format. In: *Heise* (2000), Juni. http://www.heise.de/newsticker/meldung/9909. – Zugriff am: 05.01.2008

[23] SCHMIDT, Sebastian: *Das Online-Erfolgsmodell digitaler Produkte*. DUV, 2007. – 133 S.

[24] SCHMIDT, Ulrich: *Professionelle Videotechnik*. 4. Springer, 2005. – 789 S.

[25] SCHNÖLL, Dr. M.: Austauschformate für die vernetzte Produktionsumgebung. (2006). – Zugriff am: 17.11.2007

[26] SCHRIBER, Pascal: *Das neue Audiospeicherformat MP3*, Institut für Informatik der Universität Zürich, Diss., 5 2000. http://www.ifi.unizh.ch/mml/publications/diplomarbeiten/schrieber.pdf. – Zugriff am: 29.12.2007

[27] UNBEKANNT: Definition VITC. Version: 2007. http://www.itwissen.info/definition/lexikon//_vitcvitc_vitcvertical%20intervaltimecodevitc_vitcvitc-zeitcode.html. In: *IT-Lexikon*. DATACOM Buchverlag, 2007. – Zugriff am: 11.12.2007

[28] UNBEKANNT: Material Exchange Format (MXF) / The Library of Congress. Version: 2007. http://www.digitalpreservation.gov/formats/fdd/fdd000013.shtml. 2007. – Forschungsbericht. – Zugriff am: 30.12.2007

[29] UNBEKANNT: Workflow Film / Movie-College. 2007. – Forschungsbericht. – Zugriff am: 17.11.2007

[30] WELLS, Nick: *THE MXF BOOK*. Focal Press, 2006. – 378 S.